골라 뽑은
입보리행론송

삶의 지혜와 마음의 평화를 주는 명상시

골라 뽑은
입보리행론송

샨티데바 著
원인 精選 改譯

민족사

※입보리행론송 가운데 감동적인 게송만을
정선精選하여 개역, 윤문하였습니다.

입보리행론에 대해서

입보리행론은 지금부터 1300년 전 인도 나란다 대학에 주석하신 샨티데바(적천비구)라는 도인께서 쓴 글입니다. 본 글을 인도에서는 입보리행론이라 했고 한역에서는 보리행경菩提行經이라 합니다.

입보리행론이란 '깨달음의 길로 들어가는 글'이고, 보리행경이란 '보리심을 닦아가는 길'이라는 뜻입니다. 본 글을 범본에서 논이라고 했는데 이것은 삼장 가운데 논장에 속한다는 뜻이고 한역에서 '보리행경'이라고 한 것은 부처님 경전에 준한다는 뜻이니 당시 한역자는 이 책의 품격을 매우 높게 보았다고 할 수 있습니다.

이 책은 보리심과 보살도 정신을 대승보살의 6바라밀 뜻으로 풀이한 감동적인 게송(詩)입니다. 그럼 먼저 보리심이란 무엇인지 살펴보겠습니다.

보리심에 두 가지 뜻이 있는데 첫째 본각本覺으로서 만법의 본래청정한 진리이며 깨달음이니 각성覺性 그 자체입니다. 둘째 시각始覺이라 하는데 이것은 오랜 무명으로부터 생겨난 미세망념을 여의고 본래청정한 진리를 깨닫고자 하는 마음을 일으킬 때 발보리심(發覺性)이라 하고 이러한 보리심(覺性)을 깨닫고자 정진하는 것을 수행이라고 합니다.

보리심을 좀 더 쉽게 말한다면 우리에게 본래부터 갖추어진 청정한 마음을 본각本覺이라

하고, 이러한 본래청정한 보리심(覺性)을 깨닫기 위해 수행하는 마음을 시각始覺이라 합니다.

여기에서는 이와 같은 보리심(覺性)을 체득하기 위한 수행으로서 두 가지 수행법이 있으니 하나는 자리적自利的 수행이고 또 하나는 이타적利他的인 보살도라 합니다. 이와 같은 도道를 수행하는 사람은 반드시 보리도와 보살도라는 큰원력(大願)과 큰마음(大心)을 가지고 정진할 때 마침내 보리심(覺性)을 증득할 수 있습니다.

이 책의 내용을 간략하게 목차를 통해서 살펴보면 제1장 「보리심공덕찬탄품」은 서론에 해당되고, 「죄업참회품」은 보리심에 들어가기 전에 가져야 하는 기본이며, 「보리심전지품」은 보리심에 대한 이해와 실천을 위한 총론이라

할 수 있고, 「보리심불방일(보시)품」·「지계품」·
「인욕품」·「정진품」·「선정품」·「지혜품」까지는
본 게송의 본론에 해당하는데 보리심을 실천
적 차원에서 대승6바라밀에 적용했으며, 마무
리(결론)로 제10장 「회향품」이 있습니다.

　입보리행론송은 보리심에 관한 뜻을 아름
다운 명문장(게송) 속에 잘 표현하고 있습니다.
이처럼 모든 사람들을 발심수행하게 만드는
게송 형식의 본 글은 방대한 불교대장경 속에
서도 쉽게 볼 수 없는 매우 소중한 게송 법문
이라고 할 수 있습니다.

　산승은 입보리행론송을 정선精選함에 있어
기본적으로 한역인 『보리행경菩提行經』과 동국
대 전 불교대학장 고 홍정식 박사의 『보살로
가는 길』을 기본으로 하고 청전 스님의 『입보
리행론』을 참고하면서 감동적인 중요한 내용

만을 정선精選(간추림)하였고 필요시 보리심이라는 본래적 깊은 뜻에 어긋나지 않는 바탕에서 개역 윤문했으며 글 읽는 사람이 감동적인 흐름을 잘 지속할 수 있도록 하고자 번다하고 중복된 내용은 과감하게 생략하고 편집했음을 밝힙니다.

끝으로 본 글이 혼탁하고 암울한 이 시대 사람들에게 마음을 맑히고 평화를 주는 청량제가 되기를 바랍니다.

갑진년(2024) 여름

태백산 큰마음도량에서

원인 합장

차례

제 1 장

보리심을 찬탄하는 품

1

부처님 법은 만나기 어려운데
이미 수행할 인연도 만들어졌다.
이런 기회에 정진하지 않는다면
다시 좋은 시절 만날 수 있을까.

2

더욱이 세상은 불타는 집 같아
언제 고난이 닥쳐올지 알 수 없는데
이생에서 이 몸을 제도하지 않으면
언제 다시 구제할 수 있겠는가.

3

🪷

칠흑같이 구름 낀 깊은 밤중에
어둠속에 드러난 한 줄기 달빛처럼
고난 속에 흔들림 없이 정진한다면
세상을 뛰어넘는 복과 지혜 얻는다.

4

🪷

우리에게 선善한 기운은 약하고
악업의 힘은 너무나 강렬하다.
여기 위대한 보리심이 아니라면
어떤 선도 악을 조복 받지 못한다.

5

🪷

무한세월 닦아 이룬 부처님 법
중생들의 무명번뇌 벗어나게 하고
거룩한 보리심을 부지런히 닦으면
최상의 안락과 깨달음을 얻는다.

6

🪷

지긋지긋한 윤회의 괴로움 없애고
끝없는 불행에서 벗어나길 바라며
영원한 행복을 누리고자 한다면
보리심을 결단코 버리지 말지니라.

7

🪷

비록 번뇌에 얽매인 사람이라도
만일 보리심(佛心)을 일으킨다면
그는 곧 부처님의 자녀가 되어
하늘과 인간의 존중을 받는다.

8

🪷

잡석 속에서 순금을 정제하듯이
이 몸 그대로 부처 몸을 만든다.
보리심은 세상에서 가장 소중한 법
중생심을 부처 마음으로 바꾼다.

9

❀

세상에 있는 모든 선업과 악업은
때가 되면 변화하고 무상하지만
보리심에서 나온 깨달음의 열매는
소멸하지 않는 참된 행복이 된다.

10

❀

한량없이 큰 죄를 지었다고 해도
보리심은 죄의 늪에서 벗어나게 한다.
금강나한에게 모든 신이 굴복하듯
생각 있는 자가 의지하지 않으랴.

11

🪷

이렇게 위대한 보리심을 논하려면
여기 두 가지 뜻을 가지고 있으니
하나는 간절하게 보리심 일으킴이고
또 하나 보리심을 잘 실천함이다.

12

🪷

보리심을 일으키는 것만으로도
고뇌에서 벗어나는 씨앗 되지만
보리심을 실천 수행하는 자만이
윤회에서 완전히 벗어날 수 있다.

13

🪷

모든 중생을 구제하기 위해
불퇴전 마음으로 보리심을 가지면
비록 일시적 잘못이 있다고 해도
작은 선근으로도 큰 복덕 누린다.

14

🪷

보리심은 중생의 행복 씨앗이고
모든 고뇌를 없애 주는 약이다.
이렇게 위대하고 거룩한 공덕을
어찌 생각으로 헤아릴 수 있으랴.

15

🪷

중생들은 고뇌에 벗어나려 하지만
오히려 고통스러운 길로 들어가고
안락함을 구하나 잘못된 마음으로
자신의 안락을 스스로 부숴버린다.

16

🪷

다른 이에게 도움 받은 은혜를
보답하는 사람은 칭찬받는다.
보답을 바라지 않는 참된 선행을
어찌 칭찬하지 않을 수 있으랴.

17

❀

어떤 사람의 신심이 청정하다면
비록 일시적인 악업이 있다 해도
선업에 의한 복력이 수승하므로
악업은 쇠하고 선업은 자라난다.

18

❀

보살행을 실천하는 사람에게는
모두가 칭찬하고 축복해 준다.
그를 누군가 모함하고 비방해도
그것마저 모두에게 도움이 된다.

제
2
장

죄업을 참회하는 품

19

❁

보배로운 보리심을 얻기 위하여
대자대비하신 부처님께 귀의하고
지극한 마음으로 공양 올립니다.
공덕바다인 불자에게 공양합니다.

20

❁

나는 복덕이 없고 매우 가난하여
무엇 하나 공양 올릴 것 없지만
불·보살은 이타심이 가득하시니
우리들의 소박한 정성 받아주소서.

21

🪷

나는 나 자신과 내 모든 소유물을
불보살님과 중생에게 회향합니다.
존재 중에 가장 으뜸이신 분이시여!
공경한 마음으로 제자가 되겠습니다.

22

🪷

오랜 과거부터 지어온 나의 악업은
이 모두가 탐진치 삼독 때문입니다.
내가 스스로 지어온 수많은 악업을
부처님께 지극한 마음으로 참회합니다.

23

🪷

무량한 세월 속에 윤회하면서
한량없이 지은 모든 죄업을
하나하나 남김없이 고백하오며
지극한 마음으로 참회합니다.

24

🪷

수많은 잘못과 지은 죄업이
소멸되기 전에 죽음 오지 않도록
참회를 받아주는 부처님이시여!
속히 구제의 손길을 드리우소서.

25

❀

거룩하고 높으신 부처님이시여!
어찌해야 죄업에서 벗어나오리까.
저에게 쌓인 죄가 사라지기 전에
죽음이 오지 않도록 하여주소서.

26

❀

좋아하고 싫어하는 마음 때문에
가지가지 많은 죄를 지었습니다.
모든 존재는 변화하고 사라지지만
삼독심은 아직까지 남아 있습니다.

27

🪷

세월은 순식간에 흘러가고
좋아하고 미워했던 사람도 가는데
그들에게 저지른 죄업들만이
눈앞에 그대로 남아 있습니다.

28

🪷

내가 이 세상에 우연히 와서
수많은 죄악을 지었습니다.
나의 수명은 점점 짧아지는데
지금 참회 않고 언제 하겠습니까.

29

❀

죽음의 사자에게 붙잡혔을 때
친척·친구가 구해줄 수 있을까요?
선행한 공덕만이 나를 구해주는데
나는 일찍 선근을 닦지 못했습니다.

30

❀

덧없는 생명과 이익에만 집착하여
반드시 오게 될 비참함 알지 못하고
방일한 마음으로 깨닫지 못하면서
수많은 악행을 저지르고 말았습니다.

31

❀

죽음은 언제 올지 알 수 없는데
잠시라도 한가로이 있을 수 없다.
지금 이때 닦지 않고 방일한다면
필요할 때 나는 이미 거기에 없다.

32

❀

누가 나의 두려움을 없애줄 것인가.
어떻게 괴로움에서 벗어날 수 있을까.
언젠가 나의 존재는 사라질 것인데
내 마음 편안하게 할 방법 없는가.

33

🪷

지난날 즐겼던 향락 중에서
지금까지 생각에 남은 건 없다.
애욕으로 인해서 큰 뜻 어겼는데
지난날의 향락은 지금 소용없다.

34

🪷

세상을 버리고 친한 벗 여의고
나 홀로 어느 곳으로 가는가.
이때 좋아하고 미워했던 사람들이
나에게 무슨 소용 있단 말인가.

35

🪷

깨끗하지 못한 죄업에 의하여
가지가지 괴로움이 나타났다.
이제 나는 고뇌에서 벗어나고자
이것만을 생각하며 정진하련다.

36

🪷

어리석었던 나는 죄업이 많아
여기에서 벗어날 생각 못했다.
열 가지 좋지 못한 업과 애착을
부처님께 절하며 죄업 참회합니다.

37

🪷

부처님 앞에 엎드려 머리 숙여
거듭거듭 모든 죄를 참회하오니
저희들이 잘못한 수많은 죄업을
저는 다시 저지르지 않겠습니다.

제
3
장

보리심을 온전히 가지는 품

38

🪷

삼악도에 떨어질 모든 괴로움
그걸 멈추게 하는 청정한 선업
고난으로 인해 시달리는 사람들
속히 안락하기를 축원합니다.

39

🪷

나는 부처님께 합장 발원합니다.
무지로 인하여 고통 받는 중생에게
큰 지혜 가피로 깨달음 열어 주시고
모든 고난 벗어나게 하여주소서.

40

✿

내가 닦은 모든 선근 공덕으로
중생들의 고뇌와 악업은 소멸되고
병들어 괴로운 자에겐 의사가 되며
굶주린 자에게 음식이 되겠습니다.

41

✿

중생들의 공익을 위하는 과정에서
그들이 나에게 욕하거나 때리고
내 몸을 장난감처럼 대하더라도
조금도 싫은 마음 내지 않겠습니다.

42

❀

그들에게 도움 되는 일이라면
어떤 것이라도 기꺼이 하겠습니다.
그러나 나로 인해 일어난 행위가
그들에게 불행한 건 하지 않으리다.

43

❀

나 때문에 다른 이가 화내거나
불신하는 마음이 생겼다고 해도
그것으로 인하여 나와 남에게
이익되는 요인이 되게 하소서.

44

❀

나를 누가 비방하고 해를 끼치며
조롱하고 모함하거나 악담을 해도
내 마음 견고하여 움직이지 않고
이 모두가 깨달음의 인연 되기를.

45

❀

나는 어려운 사람에게 의지 되고
길 가는 이에게 좋은 안내자 되며
하인 구하는 자에게 하인이 되고
밝음 구하는 자에게 빛이 되렵니다.

46

🪷

과거세 부처님도 보리심 가지듯
모든 보살이 배운 대로 실천하듯
나는 일체중생을 위하여
보리심을 온전히 일으켜 주고
보살이 나아갈 길을 따라서
가르침을 잘 실천하겠습니다.

47

🪷

이제 나의 삶은 열매 맺게 되고
사람으로 태어난 보람 가졌으며
부처님의 세계에 태어나서
신심 있는 불자가 되겠습니다.

48

🪷

오늘부터 나는 마음을 단속하고
부처님 가문에 맞는 몸가짐으로
가르침을 따라 실천할 것이며
거룩한 삼보를 잘 받들겠습니다.

49

🪷

잡석 속에서 우연히 보석을 줍듯
이 보리심은 나의 큰 행운이 되고
중생들의 뭇 괴로움을 없애주며
윤회에서 벗어나는 바른길입니다.

50

🪷

중생을 제도하는 보리심은
무지무명 밝혀주는 큰 태양이며
모든 부처님 법의 정수가 되나니
우유에서 버터를 추출함과 같다.

51

🪷

행복을 찾아 길을 나선 사람이
험준한 여로에 길을 잃고 헤맬 때
보리심은 그들의 좋은 인도자 되며
여기에 의지하여 큰 만족 언는다.

제 4 장

보리심을 열심히 닦는 품

52

❀

이처럼 발심 수행하는 불자들은
보리심을 굳게 지닌 인품으로써
항상 게으름과 방일을 경계하며
가르침대로 잘 실행해야 한다.

53

❀

과거 모든 부처님과 대보살께서
큰 지혜로 관찰하고 증득했으며
역대 스승들이 수행하신 이 법을
어찌 우리가 방일할 수 있겠는가.

54

🪷

큰 가르침을 실천하겠다고 한 뒤
그 일을 행동으로 옮기지 않으면
이것은 나에게 찾아온 기회를 잃고
다른 이에게도 좋은 공덕을 놓친다.

55

🪷

이것은 많은 손님 초대해 놓고
고귀한 선물을 주겠다고 한 뒤
어떠한 약속도 지키지 않는다면
신뢰를 등지고 공덕을 잃는다.

56

🪷

설사 한 순간이라도 남을 향해서
보살도라는 큰길을 방해한다면
이는 중생의 이익을 손상하는 것
악업의 괴로움이 따르게 된다.

57

🪷

한 사람의 앞길을 해치는 일도
자신에겐 큰 괴로움이 되는데
보리심 가는 길을 방해한다면
모든 중생 괴롭히는 업보가 된다.

58

🪷

비록 보리심을 일으켰다고 해도
세속적 욕망에 마음이 끌리면
윤회라는 감옥에 갇히게 되어
보살도를 실현하기 매우 어렵다.

59

🪷

보리심 닦기를 굳게 맹세했으니
지극한 신심으로 실천해야 하리라.
지금부터 부지런히 닦지 않으면
좋은 기회 잃은 뒤 후회하리라.

60

🪷

수많은 부처님이 중생을 위해
험난한 사바세계 다녀가셨는데
미련하고 어리석은 마음 때문에
구원의 대상에 들어가지 못했다.

61

🪷

나는 아직도 발심하지 않고
과거의 습성대로 되풀이한다면
아 ~ 그 많은 악도의 괴로움을
나, 어떻게 감당할 수 있겠는가.

62

🪷

부처님의 정법은 만나기 어렵고
신심과 공덕은 참으로 고귀한 것
나는 이러한 조건을 갖추었으니
언제 다시 이런 기회 또 있으랴.

63

🪷

생활에서 어려움과 재난 없으며
몸도 건강하고 마음도 청아하다.
이때 닦지 않고 방일한다면
다시 좋은 기회 만나기 어렵다.

64

🪷

이생에 신심으로 정진하지 않으면
내생에 아무것도 기약하지 못한다.
한 번 잘못으로 악도에 떨어지면
본래대로 돌아오기 매우 어렵다.

65

🪷

정진하기 가장 좋은 이 시기에
선업을 쌓지 않고 방일한다면
업보의 고통에 정신이 혼미한데
그때 이르러 무엇을 할 것인가.

66

❦

우리에게 주어진 소중한 기회를
업력에 따라 악업을 짓는다면
무량한 세월이 흘러가더라도
좋은 기회 다시 오지 않으리라.

67

❦

악업의 기운은 강하고 맹렬하여
누구도 다스리기 어려운 일이다.
오랜 세월 쌓아온 업습業習 때문에
안락이라는 기회를 얻기 어렵다.

68

🪷

한 번 악도에 떨어지게 되면
업보의 악순환 끝없이 도나니
과보를 받으면서 새 업을 짓기에
업력의 소용돌이 벗어나기 어렵다.

69

🪷

만일 내가 이것을 알면서도
방일하고 게을러 마음 닦지 않으면
죽음의 사자가 문득 다가올 때
크게 당황하고 슬퍼하리라.

70

❀

천재일우로 만난 이 법을
나는 쉽게 듣고 배우고 익혔다.
이렇게 귀한 줄을 알면서도
방심하다가 후회한들 소용없다.

71

❀

주술에 걸려 정신이 혼미하면
자신의 의지와 생각을 잃게 되어
누가 나를 이렇게 한 줄 모르고
끝없는 고뇌에서 벗어나지 못한다.

72

❀

사랑과 미움이라는 나의 원수는
손발도 없고 용맹하지도 않으며
지혜롭거나 자비롭지도 않은데
그들은 나를 몸종처럼 부린다.

73

❀

더욱이 그들은 내 마음속에서
자리 잡고 앉아 나를 멸망시킨다.
그럼에도 나는 성낼 줄도 모른다.
아아! 슬프다 이 어리석은 인내여!

74

❀

나에게 해로운 번뇌라는 원수여!
세상의 좋은 선근공덕 파괴하고
무서운 함정 속으로 끌어다가
순식간에 나를 그곳에 던져버린다.

75

❀

세상에 모든 악이 거칠다 해도
실제로는 마음속의 망념보다 작다.
나의 번뇌 망상이라는 이 업력은
처음부터 끝까지 나를 괴롭힌다.

76

🪷

내가 중생에게 공덕을 지으면
모두에게 행복을 가져오지만
번뇌에 끌리고 망념을 따르면
불행한 함정에서 벗어나지 못한다.

77

🪷

이와 같은 번뇌는 수없이 많아
하나의 무리 되어 세력을 키우고
내 마음 한쪽에 자리 잡고 있으니
어찌 경계하지 않을 수 있겠는가.

78

🪷

만약 험악한 감옥의 간수와 옥졸과
불량배와 도적떼로 구성된 무리들이
나의 거처에 머물러 가지 않는다면
이 가운데 어떤 안락이 있겠는가.

79

🪷

정진을 방해하는 욕망이란 원수가
나의 눈앞에서 사라지기 전에는
무사가 적진 속에서 방심하지 않듯
결코 정진에서 물러서지 않는다.

80

🪷

나를 죽음으로 몰아가는 이 욕망
여기에서 벗어난 자 그 얼마인가.
전쟁에서 창과 활을 두려워 않듯
성공하기 전에 물러서지 않으리라.

81

🪷

정진 중에 아무리 어려움이 있어도
몸에 달린 장신구처럼 놓치지 않고
나와 남을 위하는 이 큰 수행에서
어떠한 고난에도 참고 나아가리라.

82

❀

세속에서 일하며 살아가는 사람들도
여러 가지 어려움을 참아야 하는데
나와 남을 이익 되게 하는 큰일에서
고난을 참지 않고 이룰 수 있겠는가.

83

❀

시방세계에 가득한 모든 생명들을
속히 고뇌에서 벗어나길 발원했다.
나는 아직 욕망에 자유롭지 않지만
그러나 불퇴전 정진으로 나아간다.

84

❀

나는 번뇌와 맞서다 진흙탕 되어
처절하게 싸워 기어이 승리하리라.
다만 번뇌를 끊기 위한 수행에서
필요악이 되는 것은 제외한다.

85

❀

나에게 어떤 고난이 있거나
어떤 괴로움을 받는다고 해도
욕망이란 업에는 냉철히 대하고
다시는 업장에 굴하지 않으리라.

86

🪷

번뇌는 내 마음속에 머무르다가
내게 미혹심이 있으면 역습한다.
그러나 번뇌는 반야지 앞에선
이내 사라지는 허상일 뿐이다.

87

🪷

욕망이란 본래 어리석은 마음이라.
그 길에 어떤 고난이 올지 모른다.
오직 보리심에 의지하여 정진하라.
무엇 때문에 아직까지 망설이는가.

제
5
장

계율을 잘 가지는 품

88

❀

계율과 배움이 함께하려면
마음 다스림에 집중해야 한다.
움직이는 마음 다스리지 못하면
계율만으로 계戒를 지킬 수 없다.

89

❀

발정 난 코끼리가 위험하다고 해도
마음 고삐 풀린 방탕아보다는 낫다.
만일 정념正念의 밧줄로 굳게 묶으면
공포는 사리지고 안락이 찾아온다.

90

❧

세상에 수많은 좋고 나쁜 일들
마음 하나에 모두 따라오나니
이 마음을 다스리지 아니하고
참된 안락과 행복을 얻지 못한다.

91

❧

세상을 파괴하는 온갖 무기들
사람을 괴롭히는 포악한 행동
선량한 사람을 모함하는 악담
악인과 어울리는 불량한 사람

92

❁

세상에 존재하는 유·무형 가운데
마음 떠나 어느 것도 나올 수 없다.
그러므로 사람이 살아가는 가운데
마음보다 더 위대한 존재는 없다.

93

❁

삶이 괴롭고 빈곤하게 된 것은
과거세에 선업이 없었던 탓이다.
때문에 오늘 선행하지 않는다면
어찌 미래세의 안락이 있겠는가.

94

❀

현상에서 나타나는 모든 것은
행위에 따라 업보가 나타난다.
그러므로 유정무정 중생들에게
복 짓는 마음으로 대해야 한다.

95

❀

계법을 가지기 위해 살생을 금한다면
먼저 성내는 마음을 자비로 바꾸어라.
그러면 선악善惡과 원친怨親이 사라지고
저절로 지계바라밀을 가지게 된다.

96

🪷

난폭한 중생은 수없이 많아서
그들을 모두 대적할 수 없다.
화내는 마음 하나 제어한다면
모든 악을 능히 다스릴 수 있다.

97

🪷

마음 밖에 나타난 수많은 현상은
모두 마음 거울에 비쳐진 그림자
만일 이 마음 바르게 가진다면
모든 법은 저절로 제자리로 간다.

98

🪷

비록 오래도록 육체적 고행을 해도
마음의 산란을 다스리지 못한다면
숟가락이 밥맛을 알지 못하듯
내용 없는 일에 어떤 의미도 없다.

99

🪷

중생은 윤회의 괴로움을 없애려고
엉뚱한 길에서 잘못 헤매고 있다.
만일 깊고 묘한 뜻을 보지 못하면
중요한 순간에 어긋나게 행동한다.

100

❁

행복하기 위해 마음 닦아야 한다.
나에게 마음보다 중요한 건 없다.
몸의 상처는 쉽게 치료할 수 있지만
마음에 병이 나면 온갖 고뇌 생긴다.

101

❁

나는 소유물엔 어떠한 관심도 없다.
목숨과 이익과 명예도 마음에 없다.
이밖에 어떤 것에도 애착이 없지만
도道 향한 마음은 결코 잇지 않는다.

102

꽃

마음 단속 잘하는 사람을 존경한다.
정법을 기억 잘하는 사람도 찬탄한다.
정념正念과 바른 앎(正知)이 없는 사람은
바른 수행자로서 살아가기 어렵다.

103

꽃

육체의 병으로 정신이 산란하면
모든 행동이 부자연스러워진다.
정법에 대한 이해와 기억 없다면
올바르게 길을 가기는 어렵다.

104

❀

마음 가운데 바른 견해 없다면
듣고(聞) 생각(思)하고 수행(修)해도
마치 구멍난 독에 물이 새듯이
기억과 생각 속에 머물지 못한다.

105

❀

비록 가르침 받아 신심이 있고
전심전력으로 노력한다고 해도
바른 앎을 갖추지 못하게 되면
세상에 물들고 타락하게 된다.

106

🪷

바른 견해 없으면 사심이 숨었다가
바른 기억 없어질 때 바로 나타나
지금까지 지은 선근공덕 잃게 되고
곧바로 나쁜 길로 타락하게 만든다.

107

🪷

번뇌라는 사악한 도둑 무리는
우리들의 통로를 엿보고 있다가
기회를 얻으면 선업을 빼앗고
좋은 길로 가는 것을 막아버린다.

108

🪷

항상 부처님 가르침을 생각하여
결단코 잊어버리지 말아야 한다.
삼악도의 고통 업보 생각한다면
반드시 선정·지혜 닦아야 한다.

109

🪷

스승의 가르침을 공경히 따르면
삿된 사람 말을 듣지 않게 되고
스승에게 지도받고 정진한다면
바른 이해와 수행을 하게 된다.

110

❦

바른 기억과 생각이 삶 가운데에
언제나 머물러 가지고 실행한다면
바른 앎과 지혜 자연히 따라오나니
여기에서 얻은 지혜 멸하지 않는다.

111

❦

쓸데없이 눈을 두리번거리지 말고
시선은 앞을 주시하되 말이 적으며
선정에 든 스님처럼 고요히 행하면
혼란스러운 상황에도 흔들림 없다.

112

❁

삿된 업식業識은 가볍게 날뛰나니
계율이라는 기둥에 붙잡은 다음
선정이라는 끈으로 단단히 묶고
지혜라는 힘으로 소멸해야 한다.

* 업식業識 : 행위를 통해 인식 저장되는 기능.

113

❁

이 마음 엉뚱한 곳으로 가는지
선정과 지혜로써 관리해야 하며
잠시라도 방관 방치하지 않도록
끊임없이 마음을 살펴야 한다.

114

❀

삶을 자각하고 발심수행 한다면

다른 일 연관 지어 생각하지 말라.

지금 하는 일에 최선을 다할 뿐

완성되기 전에 다른 생각을 말라.

115

❀

이렇게 하나의 길에만 충실하라.

두 일을 하면 하나도 되지 않는다.

자각自覺에 바른 앎(正知)이 없다면

수많은 번뇌가 동시에 따라온다.

* 자각自覺 : 가르침을 통한 바른 깨우침.
  바른 앎(正知) : 양지良知처럼 앎과 행이 일치한 것.

116

❀

세속적인 여러 가지 농담·잡담과
의미 없는 잡다한 일과 허세 논쟁
불필요한 행동과 기괴한 현상에
부질없이 관심 가질 이유는 없다.

117

❀

출가 사문은 잡다한 세속적 일과
비수행적 행동을 하지 말라고 했다.
언제나 정법을 받들고 존중하며
세상을 초월한 큰 도道에 의지하라.

118

❀

어느 날 갑자기 무엇을 하고 싶거나
누구에게 말하고 싶은 생각이 들면
먼저 내 마음이 외경에 끌려가는지
점검한 후 평정한 마음으로 대하라.

119

❀

만일 나에게 애착과 증오가 있다면
성급하게 행동하거나 말하지 말라.
항상 선정에 의한 평정심을 가지고
목석같이 무관심으로 대해야 한다.

120

❀

자존과 자만심으로 남을 무시하고
다른 사람 결점만을 들추어낸다면
스스로 논쟁을 피하고 시비를 떠나
한갓 나무토막처럼 처신해야 한다.

121

❀

나의 이익과 명성만을 구하고
추종자와 하인에게 아첨을 바라며
남을 비방하려는 마음이 생긴다면
나는 한낱 나무토막처럼 생각하라.

122

🪷

이타적 보살도를 행하기 싫고
자신의 이익만을 추구하거나
쓸데없는 말을 하고 싶을 때
나무토막처럼 처신해야 한다.

123

🪷

마음속에 인내심이 없고 게으르며
좁은 견해로 미래를 생각하지 않고
자기와 가까운 사람만 편애한다면
자신은 나무토막처럼 처신하라.

124

❀

이처럼 마음속에 번뇌가 일어나고
쓸데없는 망상에 사로잡혀 있다면
과감하게 그런 생각에서 뛰쳐나와
대치법을 만들고 마음을 다스려라.

* 대치법對治法 : 문제에 대한 해결책 또는 대안이다.

125

❀

신심과 겸손과 청정한 마음가짐으로
부처님과 스승의 가르침을 존중하고
무지인을 무시하거나 미워하지 말며
몸을 환으로 보고 애착을 버려야 한다.

126

❀

수행할 수 있는 이 몸을 갖기까지는
오랜 세월 닦아온 공덕 때문이다.
이러한 기회는 만나기 어렵나니
이 때문에 항상 마음 닦아야 한다.

127

❀

마음이여! 너는 무슨 까닭에
이 몸을 내 것이라고 생각하여
끝없는 윤회에서 고뇌하는가.(소유욕)
여기에 내 것이란 어디 있는가.(무소유)

* 무소유 : 비록 소유하지만 소유욕에 의한 애착과
　　과도한 욕심을 갖지 말라는 뜻이다.

128

❀

아 ～ 어리석은 자여!
그대는 어찌 가짜 인형을 가지고
진짜 '나'라고 착각하고 있는가.
그리고 실속 없는 이 인형을 위해
일평생 헛된 수고를 하는가.

129

❀

우선 자신에 대해 냉철하게 보라.
지혜로써 자신을 분석해 본다면
'나'라는 근본은 어디에 있는가.
아 ～ 내가 나를 모르는 이 무지여!

130

❀

네가 만일 바른 마음 갖지 않으면
몸은 악업을 짓는 도구일 뿐이다.
이 몸은 아무리 애착하고 지켜도
죽음의 사자는 사정없이 끌고 간다.

131

❀

주인 노릇하는 이 마음이여!
몸뚱이 품삯을 계산하고 나면
주인은 자신의 거처로 돌아가듯이
몸이란 잠시 빌린 물건일 뿐인데
어찌 의미 없는 봉사를 하는가.

132

❀

이 몸은 강을 건너는 배와 같아서
정해진 동안에 잠시 빌렸을 뿐이다.
이렇게 생각하고 보살행(봉사)을 하면
밝은 미소로 모두를 편안하게 한다.

133

❀

마음은 항상 고요하여 떠들지 말고
행동함에 일부러 소리 내지 마라.
출입문도 거칠게 두드리지 말고
언제나 교양 있고 정숙해야 한다.

134

❀

남을 격려하고 칭찬하는 것은
언제나 복덕을 쌓는 좋은 말이다.
만일 누가 나를 향해 칭찬한다면
자신에게 그런 덕이 없다고 하라.

135

❀

무슨 일을 하더라도 조용히 하고
소란스럽고 거칠게 행동하지 마라.
고양이가 쥐 잡는 것처럼 기다리고
공익적인 일을 할 때 머뭇대지 마라.

136

❀

지혜롭고 이타적인 사람의 말은
귀 기울여 듣고 존중해야 하며
선행을 하는 사람을 보게 되면
그에게 칭찬하고 도움을 주라.

137

❀

내가 만일 남의 덕을 칭찬할 때
당사자 없는 곳에서 말해 주고
누가 만일 다른 사람을 칭찬하면
함께 같이 흔쾌히 화답해 주라.

138

🪷

누가 만일 나의 장점을 말한다면
선행에 대한 경의敬意라 생각하라.
공연한 칭찬과 비방에는 무심하고
남에겐 겸손하고 예절을 유지하라.

139

🪷

많은 노력에 의해 얻어진 만족은
모든 사람이 함께한 결과물이다.
다른 사람의 도움으로 이뤄진 일에
다 같이 공유하고 즐거워해야 한다.

140

🪷

세상의 모든 일은 혼자 할 수 없다.
어떤 경우라도 나에게 손해란 없다.
모든 현상은 다 연유가 있으므로
남을 원망하는 마음을 내지 말라.

141

🪷

도道를 따르면 손해될 일이 없고
다음 생엔 더욱 큰 안락을 받는다.
남을 괴롭히면 나에게 고통이 오고
이 세상 저세상의 괴로움이 된다.

142

꽃

말할 때 뜻이 있어야 하고
부드럽고 상황에 맞게 해야 하며
눈으로 중생을 바라볼 때도
자비로운 마음으로 보아야 한다.

143

꽃

항상 큰 원력을 가져야 하고
중생에겐 공덕이 되어야 하며
마땅히 내가 해야 할 일이라면
남에게 기대하지 말아야 한다.

144

❀

일상생활에서 보살도를 실천할 때
작은 일 때문에 큰일 놓치지 말라.
간혹 일상에서 금지된 일이라 해도
대승적 대의를 위해선 허용이 된다.

* 대의大義 : 큰 선을 위해 작은 허물은 범할 수
  있다는 뜻.

145

❀

옳은 일을 위해 이 몸을 써라.
삿된 일을 위하여 힘쓰지 말라.
청정하지 못한 의도와 자비로
이 몸을 더럽혀서는 아니 된다.

146

🪷

존중심과 믿음이 없는 사람에게
부처님의 소중한 법 설하지 말라.
근본이 삿된 외도나 소인배에게
초월적인 큰 법法을 설하지 말라.

147

🪷

스승에게 대승법을 배워야 하고
계율로써 자신을 잘 다스려야 한다.
몸과 마음을 잘 관찰하고 보는 것
이것이 바른 견해요, 도道라고 한다.

148

❀

부처님의 가르침을 잘 실행하라.
아는 것만으로 도道에 들 수 없다.
마치 환자에게 치료법을 말했다고
병든 자가 바로 치료되지 않듯이.

149

❀

음식을 먹을 때 도道를 잃지 말고
남에게 혐오감 주는 행동을 삼가하며
항상 청정한 몸과 마음으로 행하되
모든 행위를 수행으로 승화해야 한다.

150

🪷

수행자에게 음식은 하나의 약인데
음식을 탐하면 온갖 번뇌 일어난다.
내가 나를 다스리는 소중한 이 길은
하루 한 끼로 정진함이 이상적이다.

151

🪷

정진하는 자는 술·고기 금하나니
수행에 장애되고 정신이 흐려진다.
대도로 나아가는 고고한 수행자가
적은 음식 때문에 큰 공덕 잃는다.

152

🪷

아 ~ 식육하는 중생들이여!
고통의 울부짖음 들리지 않는가.
오늘 내 입에 들어가는 술과 고기
후일에 내 몸은 그들의 몫이 된다.

제
6
장

고행에 대해 인욕하는 품

153

❀

오랜 세월 쌓아온 온갖 공덕이
단 한 번의 성냄으로 무너진다.
분노보다 더한 죄악은 없고
인욕행보다 좋은 고행은 없다.

154

❀

분노하는 마음을 잘 참아내면
마음의 평화와 고요가 찾아온다.
인욕하지 못하고 분노하게 되면
안락은 사라지고 고뇌가 따른다.

155

❦

좋은 인연으로 친했던 관계가
한순간의 분노로 원한이 된다.
더욱이 친구에게 화내고 배신하면
오래도록 쌓은 공덕 무너진다.

156

❦

억울할 때 나타나는 분노라는 원수
공덕 창고 파괴되고 고뇌를 만든다.
분노에 자각하여 흔들리지 않으면
이생과 내생에 참된 행복 얻는다.

157

❦

하기 싫은 일과 하고 싶은 일에서
장애가 생기거나 좌절감을 느끼면
불안 속에 치솟는 불쾌감 때문에
자제하지 못하고 타인을 괴롭힌다.

158

❦

그러나 성내는 마음은 버려야 한다.
나에게 분노보다 심한 해로움은 없다.
온갖 행복과 평화를 주는 인욕행은
어떤 고난에 처해도 실천해야 한다.

159

🪷

곤란하고 어려운 일이 생기더라도
만족하는 마음을 잃어서는 안 된다.
기쁜 마음으로 행동하지 않으면
도리어 행하지 않은 것보다 못하다.

160

🪷

행복과 안락은 얻기가 어렵고
괴로움과 어려움은 피할 수 없다.
고난 없이 도道를 이룬 자 없으니
나와 남을 위해 끊임없이 정진하라.

161

✿

어떤 일도 처음부터 쉽지 않다.
큰일을 하려면 고난에 인욕하라.
모든 고통과 분노를 참아낸다면
그다음 좋은 소식이 찾아온다.

162

✿

성자는 고통을 당했을 때도
마음은 맑고 흔들리지 않으며
모든 괴로움을 허망하게 여기고
어려운 상황에서 잘 넘어선다.

163

이 세상에 있는 모든 죄악은
어떤 조건과 인연 따라 일어난다.
그러나 여기 '나'라는 것 없으니
선악과 인과가 모두 공空하다.

164

인욕을 행함에 많은 공덕 있나니
만족심 얻게 되고 아만을 없애며
고통받는 중생들이 안락을 얻고
부처님 가르침에 귀의하게 된다.

165

❀

모든 것은 연을 따라 움직이기에
독립적으로 존재하는 것은 없다.
이처럼 허깨비 같은 허상에 대해
분노함이 무슨 소용 있겠는가.

166

❀

허상에 분노할 의미는 없지만
분노가 일어나면 억제해야 한다.
만법의 본질은 지을 것 없으나(無作)
괴로움을 멈추는 노력은 인정된다.

167

어떤 악인이나 반대쪽 사람이
좋지 못한 행동을 하더라도
연에 따른 작용이라 생각하고
마음을 편안하게 가져야 한다.

168

나를 괴롭히는 사람을 만나거나
무조건 부정하는 사람을 만나도
모든 것은 허상적 경계라 보고
어떤 경우라도 흔들리지 말라.

169

❀

자신이 원하는 것만 이뤄진다면
조화로움 잃게 되는 세상이 된다.
선과 악은 서로 관계가 되어
괴로움과 즐거움이 나온다.

170

❀

남을 피해 주고 괴롭히는 것
어리석은 사람의 본심이라면
그것 때문에 화를 내는 것은
불(火)이 뜨겁냐고 묻는 것 같다.

171

❀

중생이란 누구나 허물 있는데
한순간 잘못에 분노 일으킴은
연기가 잠시 하늘을 더럽혔다고
여기에 대해 화내는 사람과 같다.

172

❀

돌이켜보면 나 또한 남들에게
많은 괴로움을 주고받았기에
이생에 이런 수난은 당연한 일
피해가 생겨도 참고 견뎌야 한다.

173

❀

내가 가지고 있는 이 몸뚱이는
근본이 부실하여 고통의 요인이다.
이 몸은 내(業)가 만든 미혹 덩어리
괴로울 때 누굴 향해 원망하겠는가.

174

❀

누구나 괴로움을 원하지 않지만
고통의 이유는 살피지 못한다.
나의 괴로움은 나의 업보인데
무슨 까닭으로 남을 원망하는가.

175

❦

중생들이 받는 괴로움의 근본은
마음으로 짓고 몸으로 받는다.
괴로움과 즐거움과 좋고 나쁨은
스스로 지은 바에 따라 나타난다.

176

❦

나를 가해한 자는 나의 업력業力
'나'로 인해 남에게 피해 주었다.
그렇다면 내가 그들을 괴롭혔으니
어디에도 분노할 대상은 없다.

177

❀

남이 내게 싫은 말을 했을 때
이를 참으면 내 업이 정화된다.
남들은 '나' 때문에 업을 지었으니
나는 누구에게도 화낼 수 없다.

178

❀

근원에서 보면 나는 그와 동업자
그들은 모두 나와 같은 입장이다.
이처럼 나는 아무런 이유도 없이
어찌 남들에게 화낼 수 있겠는가.

179

🪷

나에 대한 다른 사람들의 악담은
넓은 허공의 구름처럼 지나간다.
그들 또한 '나'와 다를 것이 없는데
무엇을 싫어하고 비난할 것인가.

180

🪷

본성은 절대성이라 생멸이 없고
육체는 업상業相이라 윤회가 있다.
업식業識에서 나온 업상業相이기에
마음이 죄짓고 몸은 고통받는다.

* 업식業識 : 행위에 의해 저장된 업력業力.
  업상業相 : 행위에 따라 업력으로 나타난 모양.

181

❧

삿된 생활로써 오래 사는 것보다
참된 삶이 인생의 가치가 있다.
꿈속에서 백 년을 산다고 한들
꿈 깬 뒤 무슨 가치가 있겠는가.

182

❧

삶에 있어 길고 짧음은 있겠지만
죽음 앞에선 공평하게 떠나간다.
중생에게는 선악의 업이 따르지만
마음 닦은 자는 여기에 걸림 없다.

183

❀

세속에서 재산이 많다고 해도
오래도록 행복을 누렸다고 해도
도둑에게 모든 재산 빼앗긴 것처럼
죽음 앞에선 어떤 이익도 없다.

184

❀

소득으로 인하여 행복을 누리고
재물을 가지고 재앙을 피했다면
재산 때문에 죄를 짓기도 하고
보시로 인해 복을 받기도 한다.

185

❀

몸이 있으면 이해득실이 생기고
정신과 육체는 이에 따라 움직이며
업식業識에 따라 온갖 모양 나오는데
어찌하여 허망한 일에 화를 내는가.

186

❀

어떤 이는 미혹으로 인해 죄를 짓고
어떤 사람은 욕심 때문에 화를 낸다.
이처럼 근본이 잘못된 사람들에게
선과 악을 논란할 가치가 있겠는가.

187

재물과 명예에 대한 집착 때문에
진노의 불길을 걷잡기 어려울 때
공덕이 분노에 소멸되지 않도록
애착과 집착을 즉시 버려야 한다.

188

악에 대한 과보는 매우 괴로운데
작은 악도 가벼이 여기면 안 된다.
하물며 지옥의 근원인 탐진치 독을
어찌하여 남김없이 버리지 않는가.

189

❀

나는 오래도록 욕망을 이루기 위해
무한세월 지옥의 고통을 받아왔다.
이처럼 어리석은 나는 자신을 위해
조그마한 선행도 실천하지 않았다.

190

❀

미래의 좋은 공덕 이루기 위해
선행하는 곳에 작은 괴로움 있다.
고통을 제거하기 위한 괴로움은
능히 참아내며 극복해야 한다.

191

❀

나의 덕을 다른 사람이 칭찬할 때

모든 사람도 함께 즐기길 바라면서

다른 사람이 남의 덕을 칭찬할 때

나는 어찌 함께 기뻐하지 않는가.

192

❀

일체중생을 구제하기 위해서

누가 만일 대승보살행을 지으면

모두 함께 찬탄하고 기뻐하는데

나는 어찌 질투심을 일으키는가.

193

🪷

네가 만일 싫어하는 사람이 있어
반대쪽에서 너를 비방한다고 해도
네가 만일 거기에 반응하지 않으면
더 이상 불이익은 일어나지 않는다.

194

🪷

원한 때문에 남의 불행을 바란다면
어부가 던진 번뇌라는 낚시와 같아
저승사자는 너를 거칠게 끌어놓고
한 마리 물고기처럼 잡아먹는다.

195

❀

남으로부터 받은 무익한 공치사
어리석은 자는 크게 기뻐한다.
공덕은 없는데 칭찬받게 된다면
복덕을 감하고 교만은 늘어난다.

196

❀

명예와 이익을 위해 죄를 지으면
이것은 내가 나를 죽이는 못난 짓
칭찬과 비방에 흔들리지 않으면
좋고 나쁜 일에도 걸리지 않는다.

197

🪷

백사장에 만든 모래집이 무너지면
어린아이는 소리 내어 울어버린다.
중생들은 칭찬과 명예를 잃으면
모든 것을 잃었다고 괴로워한다.

198

🪷

다른 사람의 즐거움을 보고
나의 즐거움처럼 기뻐한다면
내가 누리는 안락함과 행복을
다른 사람도 같이 즐거워한다.

199

내가 만일 타인에게 칭찬받을 때
스스로 우쭐하고 자랑스러워하면
이것은 자신에게 미혹된 어리석음
고난이 닥쳐올 때 방황하게 된다.

200

해탈의 도를 구하는 사람에게 있어
재산과 명성에 속박됨은 어리석다.
나에게 한 비난은 내겐 도움 되는 법
어찌 그들에게 성낼 수 있겠는가.

201

❀

끝없는 어둠으로 빠져드는 나에게
여기 벗어나는 묘법, 가르쳐 주었고
부처님의 지혜를 가르쳐 준 이에게
어찌 화내고 비난할 수 있겠는가.

202

❀

비록 중생이 잘못을 지었다고 해도
그들에게 분노를 일으켜서는 안 된다.
인욕을 통해서 참된 선복善福을 짓고
여기에서 온전한 수행으로 나아간다.

203

❀

마땅히 인욕해야 할 상황에서
이를 참고 견디지 못한다면
좋은 복락 받을 기회 있을 때
나 스스로 나 자신을 방해한다.

204

❀

저것이 없으면 이것은 존재 못하고
이것이 있으므로 저것이 존재한다.
그것과 이것은 본래 둘이 아닌데
이것을 어찌 방해라 할 수 있으랴.

205

🪷

우리 주변에 있는 온갖 장애물
나를 도와주는 도구와 같은 것
보리행을 닦아가는 이 길에서
수행의 보조자로 생각해야 한다.

206

🪷

수행할 때 나타나는 장애물이란
인욕행을 닦아야 하는 계기가 된다.
어려움을 참아내는 그 인연으로
모든 장애 넘어서고 해탈을 얻는다.

207

🪷

때문에 세상에 존재하는 만물이
어느 것이든 복밭 아님이 없다.
순경계와 역경계를 바르게 보면
모두가 나의 수행에 도움이 된다.

* 순경계順境界 : 공부에 도움되는 현상.
  역경계逆境界 : 공부에 장애되는 현상.

208

🪷

내 주변에 있는 가까운 사람들과
바른길로 인도하는 모든 스승님께
무엇으로 은혜를 보답할 수 있을까.
오직 부처님 법 전하는 것뿐이네.

209

❀

우리가 부처님 법 못 만났다면
악업을 짓고 무한고통 받았을 것
스승의 은혜 보답하기 위해서
모든 중생에게 선행해야 하리라.

210

❀

부처님은 중생을 제도하기 위하여
자신의 목숨마저 아끼지 않았다.
나는 어찌하여 부처님의 자식에게
하심하지 못하고 교만하게 구는가.

211

❀

화상을 입고 고통 받는 사람에게
원을 들어주어도 만족하지 않듯
중생을 자식처럼 여기는 부처님께
무엇으로 이 큰 은혜 보답할 건가.

212

❀

그러므로 중생을 괴롭히는 것은
대자대비하신 부처님께 누가 된다.
나는 이제 나의 죄를 참회하오니
중생을 괴롭힌 죄를 용서하소서.

213

❀

중생을 존중하면 여래는 만족하고
이것은 내가 나를 완성하는 길
누가 만일 나를 무시하고 괴롭혀도
부처님을 만족시키고자 능히 참으리라.

214

❀

중생을 부처님께 인도해 준 공덕은
미래세 부처가 되는 요인 되지만
부처와 중생을 위해 헌신한 공덕은
이생과 저 생에서 무한복락 받는다.

제
7
장

위없는 도道를 정진하는 품

215

🪷

정진하는 데 인욕은 필수지만
깨달음을 얻으려면 정진해야 한다.
위대한 공덕은 정진에서 나오나니
바람 따라 물결이 일어남과 같다.

216

🪷

그러면 정진이란 무엇인가.
지극한 선善을 실행하는 것이다.
그 반대는 무엇이 되는가.
게으름·오만·애착·방일·낙심이다.

217

❀

정진이란 무엇 때문에 하는가.
그것은 윤회라는 흐름을 끊고
고뇌의 그물에 벗어나기 위함이며
영원한 안락을 이루고자 함이다.

218

❀

번뇌라는 사냥꾼에게 한번 걸리면
나고 죽음의 그물에 갇히게 된다.
삼계는 감옥, 세월은 사냥꾼인데
나는 아직도 이 속에 갇혀 있다.

* 삼계三界 : 중생의 근기를 세 종류로 나눈 것.
  욕계는 욕망을 가지고 살아가는 여섯 종류 세상.
  색계는 욕망과 정신 그 중간 단계의 선정 세계.
  무색계는 완전히 초의식적 높은 정신 선정 세계.

219

🪷

우리 주변에 차례로 죽어 가는데
그것을 보고도 각성하지 못하는가.
아 ~ 도살장으로 끌려가는 소처럼
여기서 우린 아무것도 할 수 없다.

220

🪷

죽음의 신은 너를 노려보고 있는데
그대는 아직 먹고 놀기만 하는구나.
어느 날 갑자기 죽음신이 닥칠 때
늦게 정신 차린들 무슨 소용 있는가.

221

❀

죽음의 신은 생각보다 성급한데
준비 없이 한눈팔고 방종하다가
서둘러 보지만 돌이킬 수 없거늘
늦게 후회한들 무슨 소용 있는가.

222

❀

이것은 아직 반도 되지 않았다.
이제 나는 시작했을 뿐이라 해도
저승사자는 인정사정 없으니
아아! 나는 가는구나! 하게 된다.

223

🪷

근심 걱정으로 얼굴은 붓고
충혈된 눈가엔 눈물이 흐르는데
사람들은 슬픔에 잠겨 절망할 때
험악한 저승사자 보게 되리라.

224

🪷

자신이 저지른 악업에 몸부림치며
지옥의 울부짖음 끊임없이 들리면
두려움에 떨다가 똥오줌 흘리는데
혼미함 속에서 무얼 할 수 있을까.

225

🪷

갈대밭 속에 갇혀버린 물고기처럼
극도의 공포감에 온몸을 떨고 있다.
지은 죄악으로 받는 격심한 고통에
늦게 뉘우친들 누가 도와줄 것인가.

226

🪷

작은 고통에도 겁내는 약한 자여!
노력 없이 큰 이익을 바라는 자여!
죽어가면서 죽기를 거부하는 자여!
그대 스스로 험한 길로 걸어간다.

227

❀

인간이라는 나룻배에 의지하여
고뇌의 강을 건너가야 하리라.
어리석은 자여! 방일할 시간 없다.
이런 반야선은 다시 얻기 어렵다.

228

❀

영원하고 안락한 법을 버리고
어찌 고통의 요인을 좋아하는가.
무명에 유혹되어 바른길 잃으면
본래 집으로 돌아오기 어렵다.

229

❁

그러나 보리심을 이루기 어렵다고
포기하거나 타락하지 말아야 한다.
과거에 성인도 시작은 초라했지만
부단한 정진으로 불도를 이루었다.

230

❁

하물며 나는 사람으로 태어나서
능히 보리심 닦기를 맹세했으니
만일 이 마음 버리지 않는다면
도道 얻지 못할까 염려할 것 없다.

231

🪷

정진이란 깨달음 얻기 위함이고
고행이란 수행자에겐 필수적이다.
마치 아픈 사람을 치료하기 위해서
당연히 불편을 감수함과 같다.

232

🪷

성인이 중생의 마음 병 고치고자
가지가지 법과 수행을 가르치듯
의사가 시술할 때 고통이 따르듯
고행을 통해서 윤회에서 벗어난다.

233

🪷

복에 집착하면 마음은 어두워지고
지혜에 의지하면 고뇌하지 않는다.
중생을 위해 보살행을 하는 사람은
가는 곳마다 안락과 행복이 넘친다.

234

🪷

보리심에 의해 지난 악업 녹이고
보살행에 의해 복과 덕을 쌓는다.
중생을 위하여 대승행(큰마음)을 닦으니
이로써 소승보다 더 빨리 성불한다.

235

❀

중생을 위하는 대승적 보살에게는
착함, 신심, 원력, 정진, 회향(돌려줌)
이것을 확립하고 보살도를 실현하며
고난을 이겨내고 보리도를 완성한다.

236

❀

나와 남을 위하는 거룩한 대승행에
한량없는 허물을 소멸해야만 한다.
더욱이 하나하나 잘못을 고치려면
오래도록 끊임없이 노력해야 한다.

237

🪷

나는 이러한 허물을 없애기 위한
그 어떤 행동도 시작하지 않았다.
아직 망상에서 벗어나지 못했으니
어찌 내 심장이 터지지 않겠는가.

238

🪷

나와 남이 함께 닦기 좋은 기회는
쉽게 만날 수 없는 소중한 것인데
지금 이때 보리도를 닦지 않으면
이런 기회 다시 만나기 어렵다.

239

❦

선근 공덕이 되는 한 가지라도
나는 아직까지 실천하지 못했다.
어쩌다 몸을 받은 소중한 시기를
아무런 뜻도 없이 보내고 있다.

240

❦

나는 불쌍한 사람 도와주지 않았고
빈약한 사람에게 자비롭지 못했으며
어려운 사람에게 도움 주지 못하였고
부처님 법을 잘 실천하지도 않았다.

241

❀

착한 마음으로 선행하는 사람에게는
그들이 무엇을 바라보고 노력하든지
그 자체에 있는 선한 힘에 따라서
선근 공덕 인연으로 이어지게 된다.

242

❀

그러나 악행을 즐기는 사람은
아무리 안락을 얻고자 희망하여도
어디를 가든 자신의 죄악 때문에
좋은 인연 떠나고 고뇌가 따른다.

243

❀

누구나 착한 마음으로 염불한다면
향기로운 팔공덕수 연꽃 태에 들어
부처님 광명 속에 연꽃이 피면
좋은 모습으로 부처님께 나아간다.

244

❀

우리가 처음 불도를 수행하려면
먼저 정법인지 사법인지 살펴보고
근기에 맞추어 순리대로 정진하되
시작했다면 중도에 포기하지 말라.

245

❀

결심한 일을 실행하지 않는다면
다음 생에도 이처럼 되풀이한다.
하는 일마다 미완성 습관이 되면
시작은 있으나 끝을 보지 못한다.

246

❀

그러므로 마음을 굳건히 가지고
부처님의 가르침을 실행해야 한다.
의지는 있으나 실천하지 않는다면
어찌 윤회에서 벗어날 수 있겠는가.

247

❁

비록 번뇌 무리 가운데 있더라도
결코 거기에 굴복하지 않으리라.
사슴 떼에게 둘러싸인 사자처럼
번뇌라는 마군에 당하지 않으리라.

248

❁

나는 이 가르침을 닦아가기 위해
어떤 고난이라도 참고 견디리라.
수행자는 욕망·방일·식탐·수면
결코 여기에 지배당하지 않으리라.

249

🪷

수행이란 인격 완성을 위함인데
지나치게 결과에 연연하지 마라.
만일 그 자체를 바르게 본다면
그 자리가 바로 최상의 결과다.

250

🪷

칼날에 묻은 꿀(욕망)을 핥는 것처럼
자칫하다 삼악도에 떨어질 수 있다.
수행에서 오는 안락은 영원하기에
보살은 그 길 따라 묵묵히 행한다.

* 삼악도三惡道 : 죄가 많은 사람이 태어나는 3곳.
  1. 미물 짐승 2. 주린 귀신 3. 지옥 감옥.

251

❀

독이 피에 섞여 흐르게 되면
순식간에 온몸으로 퍼져 나가듯
욕망이라는 독은 나의 몸을 따라
마음속에 들어와 고통을 만든다.

252

❀

만일 뱀이 사람에게 다가오면
그 순간 놀라 황급히 피하듯이
정진 중에 망상과 졸음이 오면
바로 알아차리고 물리쳐야 한다.

제 8 장

미혹을 소멸하는 선정품

253

🪷

용맹스럽게 정진력을 키우려면
고요히 삼매를 수습해야 한다.
번뇌가 있으면 마음이 산란하여
바른 선정과 지혜를 얻지 못한다.

254

🪷

선정의 힘으로 산란을 다스리고
지혜로써 미혹에서 벗어나야 한다.
계법에 의하여 몸을 편안케 하고
선정과 지혜로 마음은 밝아진다.

255

🪷

지止를 통해 마음을 고요히 하고
관觀의 힘으로 번뇌를 끊어야 하며
세속적 욕망으로부터 자유로우면
걸림 없는 지혜와 행복을 누린다.

* 지止 : 밖으로 향하는 마음이 쉬어 고요한 상태.
  관觀 : 미혹심에서 벗어난 청정한 지혜와 관찰.

256

🪷

무한하게 반복되는 윤회 속에서
헛된 애욕에 집착할 필요 있는가.
실체 없는 허상에 아무리 애착한들
진실한 행복과 안락은 오지 않는다.

257

❀

사랑하는 사람을 보지 못하면
슬픔에 빠져 길을 가지 못한다.
다시 만나도 이별을 걱정하고
애욕의 갈애渴愛로 괴로워한다.

* 갈애渴愛 : 갈증에 물 찾듯 사랑을 갈구하는 마음.

258

❀

이와 같은 애착심으로 인하여
자신의 삶을 허망하게 보내고
번다한 친구와 친척들 때문에
영원히 정법正法을 잃어버린다.

259

착하지 못한 자와 가까이 말라.
결과는 불행하고 나쁜 길로 간다.
그에겐 좋은 일도 재앙이 되나니
만남은 잠시지만 원수로 바뀐다.

260

선행을 말하면 그들은 화내고
타인의 선행을 도리어 방해한다.
그들과 함께하지 않으면 분노하고
어울리면 죄업과 고뇌가 따른다.

261

🪷

마치 벌이 꽃에서 꿀만 모으듯
바른길에 필요한 것만 수용하라.
저 하늘 고고하게 빛나는 달처럼
세상에 처하더라도 물들지 말라.

262

🪷

타인에게 존경받는다고 생각하여
남을 무시하고 아만심 일으키며
자기중심적 사고와 이기심 가지면
이는 안락을 모르는 불행한 사람

263

🪷

지혜로운 사람은 집착 없나니
집착으로 인하여 고난을 만든다.
많은 재산과 명예로움이라는 것도
끝내 어디로 가는지 알지 못한다.

264

🪷

어떤 사람이 나를 무시한다면
먼저 자신을 돌아보아야 하고
나에게 아무런 문제가 없다면
칭찬과 비방은 부질없다고 보라.

265

❀

중생들의 생각은 천차만별이기에
성인도 이것을 충족시킬 수 없다.
세상 법 가운데 만족은 없나니
만족은 선악을 넘어선 곳에 있다.

266

❀

그들은 재산이 있으면 비난하고
재물이 없으면 더욱 경멸한다.
이처럼 여기엔 아무 뜻도 없는데
옳고 그름을 논할 수 있을까.

267

🪷

사람들은 자신의 손익을 계산하고
감정에 따라 칭찬과 비난을 한다.
과거·현재·미래 세상 어디에서
누구라도 비난은 피하지 못한다.

268

🪷

우거진 숲속에 무수한 나무들은
본래 있던 자리를 떠나지 않듯이
한없이 넓고 안락한 자연 속에서
언제나 한결같이 살아갈 수 있을까.

269

❦

대자연 숲속 천진 가운데 머물면서
깊은 고요 속에 살아갈 수 있을까?
주인 없는 대지와 열린 공간에서
걸림 없는 자유를 누릴 수 있을까?

270

❦

밥그릇 하나와 주운 물건 몇 개로
어디에도 걸림 없이 한가로이 있다가
저 하늘에 흘러가는 흰구름 쳐다보고
아득한 그곳으로 나아갈 수 있을까?

271

🪷

어쩌다 이 세상 육신을 얻었지만
죽으면 제각각 흩어지고 말겠지.
아무리 친했던 친척과 친구라도
죽음에 이르러 무슨 소용 있는가.

272

🪷

먼 길 가는 나그네가 쉴 곳 찾듯이
윤회계의 중생도 태어날 곳 찾는다.
나 또한 멀지 않아 떠나야 하는데
누가 여기에 동행할 수 있겠는가.

273

죽으면 저승길로 혼자 가야 하는데
송장이 되기 전에 숲속으로 가리라.
아무도 없는 적정처에 홀로 있으니
이 몸뚱이 위해 슬퍼할 자 없구나.

274

내가 갈 그 길은 나 홀로 가는 길
아무리 나와 친근한 사람이라도
나를 위한 어떤 폐해 끼치지 않고
부처님 생각하고 고독을 즐기리라.

275

🪷

고요하고 환희로운 깊은 숲속에서
부질없는 지난 생각 모두 잊으리라.
이 세상 모든 것은 허상일 뿐인데
나는 여기에서 마음정토로 가리라.

276

🪷

중생들의 사념은 과거에 의한 것
오직 한 생각으로 마음을 관하면서
이 세상 저세상 고리 끊어버리고
고요히 앉아 마음정토 구하리라.

277

❀

애욕은 참으로 불행의 원천이고
괴로움의 근원, 고난의 시작이다.
이 세상에는 육체적 구속을 주고
저세상에서는 영혼의 구속을 준다.

278

❀

애욕에 눈멀어 몸을 팔았으나
원하는 목적은 이루지 못했다.
그들은 쓸데없이 일하는 사이에
남아 있는 수명만 짧아졌구나.

279

❁

어떤 사람은 자신을 남에게 팔아
하인이 되어 주인에게 부림을 받고
임신한 그의 아내는 갈 곳이 없어
나무 아래서 아이를 분만하고 있다.

280

❁

세속적 욕망을 추구하기 위하여
이익을 구하다가 목숨을 잃는다.
재물만 탐하는 어리석은 자에게는
윤회에서 벗어날 기회가 없구나.

281

❀

욕망이란 본래 근거가 부실하여
얻기는 어려우나 오래가지 못한다.
마치 수레를 끌고 가는 짐승이
종일토록 작은 먹이 얻음과 같다.

282

❀

명예·이익·욕망에 초연히 하고
거기에 무심하면 대 안락 얻는다.
물질에 대해 마음 두지 않으면
청빈 속에서 참된 행복 누린다.

283

❀

집착 없으면 곳곳에 주인 되고
욕심 줄이면 언제나 자유롭다.
마음 비우고 만족 아는 사람은
하늘에 사는 천신도 부러워한다.

284

❀

세상에 존재하는 유정무정 가운데
행복이 없다면 존재할 의미가 없다.
세상에는 천차만별 근기가 있지만
행복을 바라는 마음은 다름이 없다.

285

🪷

모든 괴로움은 잘못된 삶의 결과
고난의 요인을 지혜로 살펴보고
중생의 괴로움을 해결해야 한다.
이것은 우리 모두의 문제이다.

286

🪷

나와 남은 함께 안락하길 바란다.
남과 나는 근본에선 둘이 아닌데
어째서 나의 행복만을 생각하고
타인의 어려움은 외면하고 있는가.

287

❧

만일 남의 괴로움을 외면한다면
내가 힘들 때 남도 그렇게 한다.
때문에 어떤 괴로움을 보더라도
그 괴로움을 없애 주어야 한다.

288

❧

존재하는 만물은 한 몸이다.
이것은 연기성으로 이어지기 때문
손과 발이 다르지만 하나이듯
중생과 나는 본래 둘이 아니다.

289

🪷

연기적 현상을 바로 보지 못하므로
합리성 없는 아상과 아집이 생겼다.
이렇게 통찰하여 근본무명 타파하면
고요한 참 성품 저절로 드러난다.

290

🪷

모든 상相은 상속적相續的 집합체集合體라
고정된 주체 없어 본질은 허망하다.
괴롭고 즐거움은 미혹에서 나오며
선과 악은 인연 따라 나타난다.

* 상相 : 정신적·현상적·유형적·무형적으로써
   시간적·공간적 사유체계와 관념들이다.

291

❀

모든 괴로움에 상속자가 없기에
고뇌에서 벗어나는 길이 있다.
현상에 존재하는 세속적 고통을
어찌 남의 일이라고 할 수 있을까.

292

❀

괴로움의 근원이 자아 때문이라면
무아에 의하여 괴로움은 소멸된다.
그러므로 경전에서 보살은 말한다.
"중생이 아프기에 보살도 아프다"고.

293

🪷

이렇게 존재의 원리를 깊이 보면
이 세상의 좋고 나쁜 어떤 일들도
남을 위해 봉사했다고 자랑하거나
보살도를 실현했다 말할 수 없다.

294

🪷

만일 하나의 괴로움을 참아냄으로
모두의 괴로움을 해결할 수 있다면
중생을 위하는 한 가지 괴로움은
남을 위해 흔쾌히 받아주어야 힌다.

295

🪷

예전에 선화월이라는 법사는
임금의 위협에 흔들리지 아니하고
많은 사람의 고뇌를 해결하기 위해
목숨 걸고 험지로 가서 법을 폈다.

296

🪷

이처럼 업의 흐름(相續)을 관하게 되면
나의 기쁨도 남의 고苦에 의했으므로
백조가 연꽃 위에 살포시 내려앉듯
중생들이 고뇌하는 속으로 들어간다.

297

❀

남을 위해 좋은 일을 한다고 해도
여기에서 교만과 아상을 내지 말라.
행위에 어떤 보답도 생각하지 말고
남이 곧 나라는 마음으로 대하라.

298

❀

만일 누가 어려움에 처하더라도
자기 자신을 보호하는 것처럼
타인에게도 대자대비 마음으로
중생들을 위해 보살도를 행하라.

299

🪷

'나' 없음(無我)에 익숙하여 무아가 되면
저절로 무아가 곧 '나'와 대상이 같아
행주좌와行住坐臥 어디서도 하나가 되고
무아無我와 자아自我의 경계는 사라진다.

* 무아無我 : 현상과 윤회에 고정불변한 '나'란 없고 오
  직 조건에 따라 만물은 생멸 변화한다는 뜻이며 이
  러한 무아에 들어가면 무아가 곧 진아라는 뜻이다.

300

🪷

생활에서 어렵고 힘든 일 만나면
스스로 자신을 보호하고 지키듯이
모든 사람 만나고 세상을 대할 때
자신을 지키고 보호하듯 해야 한다.

301

❀

대자하고 대비하신 관세음보살은
고뇌하는 중생을 구제하기 위하여
14가지 두려움을 없애는 능력과
32가지 몸으로 중생을 제도한다.

302

❀

자신에게 지나친 집착으로 인하여
조그만 위험에도 두려움을 느낀다.
보살은 자아의식에서 벗어나기 위하여
'나'와 '남'을 한 몸으로 보고 행한다.

303

🪷

무엇을 주고 아까운 마음이 나면
이는 이기적인 마음의 사람이며
남에게 주고 또 무엇을 더 줄까
생각한다면 이타적인 보살이다.

304

🪷

자신을 위해 다른 이를 괴롭히면
악도에 떨어져 고난을 받게 되고
남을 위해 선행하는 사람에게는
만 가지 행복이 가득하게 되리라.

305

🪷

자신의 이익을 위해 남을 이용하면
불행한 삶과 비천한 과보를 받고
남을 위해 기쁜 마음으로 선행하면
높은 지위에 안락한 삶을 살아간다.

306

🪷

세상의 괴로움은 무엇 때문인가?
자신만을 생각하는 이기심 때문
안락한 삶은 무엇 때문에 오는가?
과거세에 이타적인 생활 때문이다.

307

부질없는 말을 할 필요가 있을까.
지혜로운 사람은 오직 이타적인데
어리석은 사람은 자신만을 위한다.
성인과 범부는 이와 같이 다르다.

308

자신의 안락함과 남의 괴로움을
바꾸는 보살행을 실천하지 않고는
삼계를 벗어난 자유 얻지 못하고
윤회의 수레바퀴 끝내기 어렵다.

309

🪷

자아에 의지하면 해탈은 멀어지고
집착이 많으면 괴로움도 많아진다.
자신의 괴로움을 소멸하기 위해서
나와 남 입장을 바꾸어 생각하라.

310

🪷

마음이여! 나와 남을 하나로 보고
중생을 위해 이타행을 실현해 보자.
내가 만일 세상에 유용하게 살려면
거룩한 대승보살행을 지어야 한다.

311

❀

못난이 보면 나도 저런가 생각하여
자신을 타인으로 여기고 행동하면
나와 남이라는 분별심은 사라지고
이기심과 질투와 차별이 소멸된다.

312

❀

나의 덕행과 지혜가 부족하다면
그것은 번뇌의 힘이 작용하기 때문
이것은 반드시 치료해야 하는데
그러기 위해 무아를 수습해야 한다.

313

🪷

나는 자신의 이익만 추구했기에
오랜 세월 복덕을 짓지 않았다.
이로 인해 악업만 늘어났을 뿐
진정한 이익은 이루지 못했다.

314

🪷

이에 나는 이타적인 행을 하고자
나 자신을 여기 완전히 바치리라.
이것이 무아에 이르는 최상의 길
부처님께서 이렇게 말씀하셨다.

315

❀

다른 사람이 저지른 잘못이라도
나의 잘못도 있다고 생각하면
모든 업장 벗어나 편안해지며
무위적정 경지에서 안락하리라.

316

❀

다른 사람 선행은 칭찬해 주고
자신은 낮추고 하인처럼 겸손하면
스스로 자신의 능력은 늘어나고
나의 공덕은 모두를 이롭게 한다.

317

❧

자신을 위하여 남에게 해를 끼치면
그 악은 마침내 자신에게 돌아오고
남을 위하여 자신을 희생한다면
가는 곳마다 행복하고 안락하리라.

318

❧

진정으로 자신을 사랑한다면
자신에 애착하지 말아야 한다.
이 몸에 대해 집착하게 되면
높은 정신세계 나아가지 못한다.

319

❀

욕심이란 끝이 없어 하나를 주면
두 가지 원하다가 모두 빼앗는다.
아무리 잘해줘도 만족은 없기에
집착하지 않음이 참된 소유이다.

320

❀

아 ~ 이 몸을 위해 애지중지했건만
마지막 한 줌 재로 끝나갈 육체여!
육신이 병들면 한갓 나무토막인데
쓸데없이 애착하여 고통만 지었구나.

321

❀

그러므로 나는 모든 중생을 위하여
아낌없이 이 몸을 도구처럼 쓰리라.
보살의 길을 가는 데 방일하지 않고
혼침에 떨어지지 않고 정진하리라.

322

❀

대자대비하신 큰 보살과 성자처럼
순수한 마음으로 고난을 이겨내고
끊임없이 정진하여 해탈을 이루고
고통받는 중생을 구제해야 하리라.

제 9 장

깨달음空性으로 가는 지혜품

323

🪷

진리에는 현상을 논한 속제俗諦와
상대를 초월한 절대성 진제眞諦가 있다.
인식세계를 초월하면 진제가 되고
현상적 이치를 논하면 속제가 된다.

* 속제俗諦 : 현상적 인식 세계를 보는 이치.
  진제眞諦 : 현상과 인식 이전의 근원적 진리.

324

🪷

속제俗諦를 논함에 두 가지가 있으니
보살승과 소승으로 구별할 수 있다.
보살은 속제를 오직 연기라 하고
소승은 무아를 말하나 단멸이 있다.

325

🪷

만일 수행자가 공성空性에 들려면
현상적 사리事理(이치)를 알아야 한다.
진제眞諦에 만법의 실체 없기에(無自性)
찰나성刹那性이라고 할 근거가 없다.

* 찰나성刹那性 : 만법의 이치는 현재 이 순간만 있
고 과거 미래가 없다는 논리이다. 그러나 샨티데바
스님은 여기서는 만법을 움직이는 고정된 주체가
없는데 어디에서 이 순간을 인정할 수 있느냐 하
는 말이다. 즉 만법의 근원은 시간성과 공간성 이
전 소식인데 어디에서 이 순간을 말할 수 있을까?
만일 순간을 인정하면 현재를 인정하게 되고 현재
를 인정하면 과거와 미래도 인정된다. 이렇게 시간
을 인식하면 공간을 보게 되고 현상을 인식하므로
현상을 가지고 억지로 이치를 논하게 된다. 이것은
상대적이고 이원적 사고체계로써 만법의 근원적 이
치를 보지 못했기 때문에 현상적 논리를 펼 수밖에
없는 것이다.

326

🪷

수행자는 진제에 의해 도道를 보고
사람들은 현상에서 도道를 구한다.
이것을 모르면 부정관不淨觀을 오인하여
청정관이라고 주장하는 것과 같다.

* 부정관不淨觀 : 세속적 욕망과 애욕을 끊게 하고자
  애욕에 대치 관법으로 부처님이 가르쳤던 수행법이다.

327

🪷

인연 조건에 의해 나타난 현상은
일정 기간 머물지만 실체는 없다.
허깨비가 허상이나 작용이 있기에
선업과 악업도 따라 나타난다.

328

❀

이 세상에 존재하는 모든 것은
조건에 따라서 현상은 나타난다.
만일 조건적 흐름이 끊어지면
세속적 현상은 나타나지 않는다.

329

❀

속제俗諦에서 인식하는 앎은 있고
진제眞諦에서 경험적 분별은 부정된다.
허깨비는 실재성이 없지만 나타나듯이
사물에 자성은 없지만(眞空) 작용은 있다.(妙有)

330

❀

공성空性에 대한 인식을 가진다면
존재하는 사물의 인식은 소멸한다.
비존재성에 무자성을 인식한다면
공성空性에 대한 인식마저 소멸한다.

331

❀

무자성이라고 나타난 존재물을
만일 현상에서 인정하지 않는다면
의지할 대상이 없는 비존재물이
어떻게 마음속에 나타날 수 있을까.

332

❀

존재물存在物(有)과 비존재물非存在物(無)이

마음 가운데 나타나지 않을 때

그때 대상에 의지할 길이 없으므로

마음은 반연攀緣을 잃고 적멸에 든다.

333

❀

(문) 사성제에 의해서 불도를 닦는데

　　　군이 공성을 알아야 할 필요 있는가?

(답) 대승경에 보리심·보살도가 아니면

　　　큰 깨달음에 들어갈 수 없다고 했다.

334

🪷

공성空性의 이치를 깨닫지 못하면
사성제를 바르게 이해할 수 없고
공성과 사성제가 원융하지 않으면
진정한 열반에 들어가기 어렵다.

335

🪷

공성空性에 대한 깊은 자각이 없다면
마음은 번뇌에서 벗어나지 못한다.
무상정無想定에도 업습業習이 남아 있어
바른 신심으로 공성을 닦아야 한다.

336

🪷

공성은 번뇌장과 소지장을 다스리기에
큰 지혜 얻으려면 공성空性을 닦으라.
괴로움은 사물을 인식할 때 생기는데
공성空性은 두려움의 근원을 소멸시킨다.

337

🪷

만일 내가 실체적 자아가 있다면
여러 가지 두려움이 생길 수 있다.
그러나 공성에 실체적 '나' 없는데
두려움은 어디에서 나타나겠는가.

338

🪷

자아를 가지고 현실을 대하면
현상을 접할 때 공포가 생긴다.
실체적 자아는 존재하지 않기에
주객이 없으면 공포도 사라진다.

339

🪷

만일 유아론자와 무아론자가
행의 주체와 과보의 주체가 다르다면
그건 현상에서 나와 남을 혼동했으니
'나'에 대한 이런 견해는 무의미하다.

340

❀

과거와 미래의 마음에 '나'란 없듯
현재의 마음을 '나'라 할 수 없다.
왜냐하면 시간성·공간성 경계에서
마음이 멸하면 '나'는 어디에 있는가.

341

❀

파초 줄기 속이 텅 비어 있듯이
마음을 바로 보면 '나'란 찾지 못한다.
어리석음은 무명의 소치라 말하나
중생제도하기 위해 방편으로 말했다.

342

🪷

중생을 위한 방편으로 '나'를 말하나
자칫 '나'라는 아집이 증대할 수 있다.
고뿔에 대한 아집이 제어되지 않을 땐
무아와 공성을 수습함이 가장 좋다.

343

🪷

나타난 현상은 꿈같고 허상인데
이를 바르게 보면 무얼 집착하랴.
이 몸에는 실체성 자아가 없으니
남자·여자에 애착할 것 있겠는가.

344

❁

만일 자아의 집착에서 벗어나려면
여기에 대한 대치법對治法을 통해서
번뇌를 소멸하기 위한 고찰을 하라.
수행자에게 양식은 선정과 지혜다.

* 대치법對治法 : 근기에 맞추어 마음 다스리는 법.

345

❁

이처럼 육체감각에 주체가 없다면
몸의 감각을 느끼는 것은 무엇인가.
감각을 느끼는 것도 공空일 뿐인데
남녀 사랑을 끝없이 갈망하는 자여!
이 얼마나 부질없고 어리석은가.

346

❀

눈, 귀를 통해 보고 듣고 아는 것
그것은 몽환과 같은 마음일 뿐이다.
대상이란 인식할 때 생겨나기 때문에
대승에선 감수感受의 주체는 부정된다.

347

❀

이처럼 감수感受의 주체가 있지 않기에
'나' 없는 몸이란 인연의 집합체集合體다.
마음의 실체는 어디에도 볼 수 없으니
중생은 본래부터 무자성無自性일 뿐이다.

348

❧

자아인식이 대상 이전에 생겼다면
그것은 무엇을 반연하여 생겨날까?
'나'란 인식과 대상이 동시적이라면
그것은 무엇에 의하여 나타나는가?

349

❧

대열반에 든 성취자는 망념이 없으니
속제俗諦라는 정신에 머물지 않는다.
이것이 있으므로 저것이 있게 되고
이것이 생기므로 저것이 생긴다는 것은
현상 연기라는 속제俗諦를 말한 것이다.

350

🪷

진제에서 만법은 불생불멸이라면
속제는 처음부터 존재하지 않는다.
그럼 어찌하여 진속 이제二諦를 말하는가.
오직 중생을 제도하기 위함이다.

* 진제에 속제는 왜 없다고 했는가?
  진제에 시간 공간이 없으므로 절대성으로 존재한
  다. 따라서 진제에서 보면 속제가 진제고 진제가 속
  제다. 이 때문에 만법과 만물은 진리 아님이 없다.
  그럼 왜 속제를 말하는가?
  그것은 중생을 교화하기 위해 방편상 단계적으로
  가르치기 위함이다.

351

🪷

때문에 창조신이란 실제가 아니므로
이것으로 우주자연을 설명할 수 없다.
사람이 무지하여 창조주를 설정하고
거기에 집착하여 헛된 견해를 짓는다.

352

🪷

천지창조를 자재천(神)이 했다면
도대체 신神이란 무엇인지 말해보라.
만일 그것이 절대권능을 지녔다면
절대성에 상대성은 성립되지 않는다.

* 절대에는 상대가 존재하지 않으므로 상대라는 말
  은 가설이 된다. 만일 절대가 상대의 반대개념이라
  면 절대가 바로 상대가 되는 모순이 된다. 그래서
  존재의 근본은 본래 절대성 존재이므로 만법은 진
  리 아님이 없다.

353

❀

신神이 창조했다는 세상은 무엇인가?
그것이 창조자의 의지 때문이라면
그와 같은 의지는 곧 중생심이 된다.
절대자에게는 중생심이 없기 때문에
천지 창조자란 말은 성립되지 않는다.
굳이 절대자가 천지창조를 했다면
창조자 또한 생기고 멸하는 법이니
절대라는 실체성은 인정할 수 없다.

354

🪷

신神이 허공도 아뜨만(自我)도 아니라면
그것은 토끼 뿔이요. 거북이 털이다.
만일 신神이 불가사의 존재라 한다면
그렇게 규정한 사람은 무슨 근거인가.

355

🪷

신神을 안다면 자신을 알 것이요,
자신을 알면 생멸망상 사라졌는데
생멸심 끊어진 무심 무상 절대자가
생멸하는 모순 세상 만들 리 없다.

* 무심無心 : 절대성은 무아(無我)라 창조성이 없다.
  무상無相 : 시공이 끊어진 곳엔 어떤 모양도 없다.

356

❀

분별심으로 절대 진리를 볼 수 없고
존재(有)로써 비존재(無自性)는 파악 못한다.
비존재 속에 존재는 사라지게 되고
무자성無自性 진리 앞에 나타날 법은 없다.

357

❀

존재물과 비존재물도 인식에 있다면
꿈속에서 자식 잃고 죽었다는 생각처럼
실체성 없는 망상에서 기인되듯이
존재에 대한 인식에는 실체성이 없다.

358

🪷

이런 까닭에 이치를 깊이 분석하면
천지 창조자가 따로 있을 수 없어
개별적이나 독립적인 조건도 아니며
오직 인연 따라 생멸연기할 뿐이다.

359

🪷

허깨비로 인하여 나타난 허상이
조건에 의해 만들어졌다고 해도
모든 존재의 근본은 무엇인가?
홀연히 나왔는지 추궁해 보라.

360

🪷

존재물은 다른 곳에서 오지 않고
머무름도 아니고 지나감도 아니다.
허깨비는 무자성이기에 무지인은
나타난 허상을 보고 실재라 한다.

361

🪷

온갖 조건에 따라 현상은 나오지만
존재와 비존재 모두 허망할 뿐이다.
까닭에 소멸도 없고 발생도 없기에
모든 법은 본래 불생불멸不生不滅이다.

362

❀

법은 공空하기에 얻고 잃음이 없고
즐거움과 괴로움도 망식妄識의 작용
본래부터 나고 죽음은 공空하므로
경에 "생사와 열반도 공空이라" 했다.

363

❀

사람이 선행하면 복을 받다가
이내 악도에 빠져 괴로움 받는다.
세상에는 재앙은 많고 복은 적어
지혜롭지 못하면 고뇌가 생겨난다.

364

❧

세월은 물처럼 쉼 없이 흘러가는데
부처님의 큰 지혜 구하기는 어렵고
산란심은 제어하기 쉽지 않은데
선정삼매 증득하긴 더욱 어렵다.

365

❧

부처님 법 들을 기회 얻기 어려운데
번뇌의 파도에서 벗어나기 쉽지 않다.
중생은 이렇게 윤회 속에 있으면서
고난에서 벗어날 생각은 하지 않는다.

366

🪷

얻을 바 있다고 생각하는 사람에게
어느 때 속제俗諦를 가지고
공성空性을 설할 수 있을까.
얻을 바 없다는 공의 도리에 입각하여
성불에 필요한 공덕을 말할 수 있을까.

* 속제俗諦(妙有) : 현상적 이치.
 공성空性(眞空) : 법신. 진여. 열반.

제 10 장

보리심을 법계에 회향하는 품

367

🪷

삼계 윤회가 끝나는 그날까지
그들은 모두 행복하고 안락하여라.
세상에서 고난을 받는 모든 사람들
누구나 이 법문 듣고 해탈하여라.

368

🪷

보살의 크나큰 공덕의 구름으로
목마른 중생에게 법비(法雨) 내리고
깨달음을 구하는 모든 수행자에게
해탈의 지혜 충만하기를 바라노라.

369

❀

이때 수행자들이 소리 높여 외친다.
벗들이여, 속히 오라. 가까이 오라.
속세의 욕망 버리고 여기로 오라.
고뇌는 사라지고 기쁨은 충만하리라.

370

❀

두려움을 없애주는 문수보살 오셨다.
너희들은 광명으로 빛나는 그를 보라.
대자대비하신 관세음보살 위신력으로
온갖 괴로움과 고뇌에서 벗어나기를.

371

❧

내가 지은 공덕을 법계에 회향하니
보리심과 보리행을 잃어버리지 말고
부처님과 대보살님의 명훈가피력으로
한 중생도 빠짐없이 성불하길 원한다.

372

❧

보살의 대법회에 만다라는 펼쳐지고
중생들은 허공으로부터 법을 들으며
그들은 항상 부처님과 보살님을 만나
무한한 공양구름 올리길 발원합니다.

373

❀

절에서는 염불 소리 퍼져나가고
승가는 화합되어 정진력을 얻으며
불퇴전 수행자가 곳곳에 정진하고
세상에 불심이 충만하길 원합니다.

374

❀

대자비로 중생 구제하는 관세음보살
큰 지혜로 수행자 이끄시는 문수보살
원력과 보살행 버리지 않는 보현보살
부처님법 온 천하에 두루하길 원합니다.

골라 뽑은
입보리행론송

초판 1쇄 인쇄 | 2024년 9월 28일
초판 1쇄 발행 | 2024년 10월 15일

精選 改譯 | 원인

펴낸이 | 윤재승
펴낸곳 | 민족사

주간 | 사기순 기획편집 | 정영주
기획홍보 | 윤효진 영업관리 | 김세정

출판등록 | 1980년 5월 9일 제1-149호
주소 | 서울 종로구 삼봉로 81 두산위브파빌리온 1131호
전화 | 02)732-2403, 2404 팩스 | 02)739-7565
홈페이지 | www.minjoksa.org
페이스북 | www.facebook.com/minjoksa
이메일 | minjoksabook@naver.com

ⓒ 원인, 2024

ISBN 979-11-6869-072-1 03220